Mi vida después de la pérdida de una mascota

escrito por **Mari Schuh** arte por **Alice Larsson**

ILLUSTRATED

Publicado por Amicus Learning, un sello de Amicus
P.O. Box 227, Mankato, MN 56002
www.amicuspublishing.us

Editora: Rebecca Glaser
Diseñador de la serie: Kathleen Petelinsek
Diseñador de libro: Lori Bye

Library of Congress Cataloging-in-Publication Data

Cataloging-in-Publication data is available from the Library of Congress.
Library Binding ISBN: 9781645498094
Paperback ISBN: 9781681529981
eBook ISBN: 9781645498131

Impreso en China

Acerca de la autora

El amor de Mari Schuh por la lectura comenzó con las
cajas de cereal en la mesa de la cocina. Actualmente, es
autora de cientos de libros de no ficción para lectores
principiantes. Con cada libro, Mari espera ayudar a los niños
a aprender un poco más sobre el mundo que los rodea.
Encuentra más información sobre ella en marischuh.com.

Acerca de la ilustradora

Alice Larsson es una ilustradora originaria de Suecia que vive en
Londres. Creativa por naturaleza, le emociona poder conectar
los personajes con las historias a través de su trabajo. Aparte de
dibujar, a Alice le encanta pasar tiempo con su familia y amigos,
además de leer libros y viajar, ya que así desata su creatividad.

¡Hola! Me llamo Abe. Me gusta jugar hockey y béisbol. Suelo estar al aire libre, buscando piedras y pescando. Mi perro Odín solía ir a pescar conmigo. Murió en un accidente de auto. Lo extraño mucho. Déjame contarte sobre mi perro Odín y yo.

Odín está con mi familia desde que era cachorro. Era, además, el perro de servicio certificado de mi mamá. Los perros de servicio están entrenados para ayudar a las personas con discapacidades y problemas de salud. Cuando están trabajando, llevan puesto un chaleco.

Mamá era paramédica y ayudaba a personas que estaban heridas de gravedad. La conmoción y el estrés dañaron su cerebro. Ella tiene TEPT. Es decir, trastorno de estrés postraumático. Odín ayudó a mamá con su TEPT. Yo ayudé a entrenarlo. Odín podía sentir los cambios en el cuerpo de mi mamá. Él le avisaba cuándo ella se iba a sentir asustada o abrumada.

Odín y yo nos divertíamos mucho juntos.
Él estaba conmigo cuando pesqué mi
primera pesca. Mi tío quería que Odín
y yo besáramos al pez para la buena
suerte. Le di un beso rápido al pez.
Luego, Odín se inclinó hacia él. Cuando el
pez se movió, Odín se alejó de un salto.
No quería darle un beso.

Cuando mi familia y yo visitábamos a mis abuelos, Odín venía con nosotros. Mi familia iba a caminar con raquetas de nieve en las montañas. Odín quedó cubierto de nieve y no podía caminar. ¡Papá tuvo que cargarlo!

Odín iba con mi familia a mis partidos de hockey. Yo sentía que había otro miembro de la familia más que me vitoreaba. Cuando mi equipo perdía un partido, yo abrazaba a Odín para sentirme mejor.

A Odín le gustaba correr y jugar afuera. Un día, lo atropelló un auto. Murió de inmediato. Papá lo cargó y lo trajo a casa. Ver a Odín muerto fue difícil. Pero lo amaba, así que quería estar con él.

Le daba caricias y besos. Luego hicimos una impresión de su pata con pintura para mamá.

No enterramos a Odín. En lugar de ello, fue cremado. Mi hermana y yo elegimos la urna donde están sus cenizas.

Mamá nos dio a mi hermana y a mí unos collares que nos ayudaran a recordar a nuestro perro. Adentro, tienen un poco de las cenizas de Odín. Ahora, Odín puede estar conmigo todo el tiempo.

Tuvimos a Odín durante casi cinco años. La casa estaba silenciosa sin él. Me sentía solo y extrañaba jugar con él. Mirábamos fotos viejas y videos de Odín. Compartir recuerdos de él me hacía sentir mejor.

Extraño las orejas largas de Odín, su pelo suave y sus
ojos grandes. Mamá y papá me dijeron que es normal
sentirse triste cuando muere una mascota. Mi duelo viene
y va. Algunos días me siento bien. Otros días, lloro.

Como Odín murió de repente, no pude despedirme de él. Para honrar a Odín, mi hermana y yo ayudamos a recaudar dinero para los perros de servicio. Le contamos a la gente sobre la vida de Odín. Esto me ayudó con mi duelo.

Unos meses después de que Odín murió, conseguimos otro perro. Se está entrenando para ser un perro de servicio. Se siente bien tener un perro nuevo que ayude a mi mamá. Pero eso no quiere decir que ya no ame a Odín. Todavía lo quiero y lo extraño. Mis recuerdos de Odín siempre estarán conmigo.

Conoce a Abe

Hola, soy Abe. Vivo en Saskatchewan, Canadá, con mi mamá, mi papá y mi hermana menor. Me gusta esquiar, montar mi caballo y jugar lacrosse. Estoy en 4-H con mi hermana. Mi color favorito es el naranja. Las fresas son mi comida favorita.

Entender a las personas que han perdido una mascota

Recuerda que el duelo por la pérdida de una mascota puede ser muy difícil. Puede ser tan duro como perder a un amigo o un miembro de la familia. Ten paciencia con tu amigo.

No compares ninguno de tus duelos con su duelo. En lugar de ello, dile a la persona que lamentas que haya perdido a su mascota.

Sé un buen amigo. Escucha mientras habla de su mascota.

Si conocías a la mascota de esa persona, comparte historias sobre ella. A la gente generalmente le gusta oír historias y recuerdos de sus mascotas.

No le digas a la persona que consiga otra mascota. Ella debe decidir por sí misma si quiere otra mascota y cuándo es el momento adecuado.

Cada uno vive su duelo de forma diferente. No hay un plazo en el que las personas deban sentirse mejor.

Palabras útiles

certificado Tener entrenamiento, habilidades y capacidades oficialmente reconocidas. Los perros reciben mucho entrenamiento para convertirse en perros de servicio certificados.

cremar Reducir un cuerpo a cenizas al quemarlo.

duelo La tristeza profunda que la gente siente después de que alguien querido muere.

emociones Sentimientos fuertes como el amor, la tristeza, el miedo y la felicidad.

paramédico Persona entrenada para tratar a personas enfermas y heridas antes de que lleguen al hospital. Los paramédicos viajan en ambulancias para llegar hasta donde están las personas que necesitan su ayuda.

perro de servicio Perro entrenado para ayudar a una persona discapacitada o que necesita ayuda y apoyo.

TEPT Trastorno de estrés postraumático, un trastorno que algunas personas tienen después de eventos peligrosos o aterradores. Las personas con TEPT suelen sentir ansiedad y miedo. Pueden tener pesadillas o sentir miedo a los lugares públicos.

urna Contenedor que contiene las cenizas de un cuerpo cremado.